Border-LINE

Frank Brinkel

Border-LINE

Gedichte von innen nach außen

Impressum

Auf der vierten Seite finden sich bei BoD-Büchern für gewöhnlich das Impressum und das FSC-Siegel. Letzteres wird von BoD platziert – bitte lassen Sie einfach etwas Platz am Kopf der Seite. Die Angaben zu Lektorat, Korrektorat und weiteren Mitwirkenden sind optional.

Löschen Sie diesen Text und die Überschrift bei Bedarf.

Bibliografische Information der Deutschen Nationalbibliothek: Die Deutsche Nationalbibliothek verzeichnet diese Publikation in der Deutschen Nationalbibliografie; detaillierte bibliografische Daten sind im Internet über http://dnb.dnb.de abrufbar.

© 2024 Frank Brinkel (i.d.R. Sie bzw. Ihr Pseudonym)

Coverbild:

Frank Brinkel: Der Traum einer Pusteblume (2023)

Herstellung und Verlag: BoD – Books on Demand, Norderstedt

ISBN: 978-3-7534-7600-1

tausend

tausend Augen
schaun mich an
schaun in mich rein
schaun an mir vorbei

tausend Stimmen
sprechen zu mir
sprechen von mir
sprechen an mir vorbei

tausend Ohren
hören mir zu
hören was ich sage
hören an mir vorbei

tausend Herzen
lieben neben mir
fühlen durch mich
leben an mir vorbei

<u>Wer?</u>

sag mir
wer ich bin

nimm alles
was du
mir gegeben

nimm alles
was du
für gut befunden

nimm all
deine Moral
die du nutzt

nimm alles aus
meiner Vergangenheit
von mir

nimm alles positive
und alles negative
von mir

nimm alles
was mir
je jemand gegeben

zeig mir
wer ich bin

<u>Wirklich?</u>

hast du gehört
es soll Frühling werden
das glaub ich erst
wenn es taut
das gab es ja noch nie

immer wenn wir dachten
jetzt wird's wärmer
kam die nächste Kälte

manche können sich vor Kälte
kaum noch bewegen
die Hoffnung vieler
ist unter dicken Eis begraben
unsere Zukunft
liegt unter meterhohem Schnee

aber es soll Frühling werden
sprach der kleine Junge
und tanzte hinaus
in die kalte Sonne

Aufbruch

riesige Augen
schauen ängstlich
in die neue
unbekannte Welt

die Ohren
lauschen begierig
ob sie bekannte
Wörter oder Töne
vernehmen können

die Nase
versucht unsicher
die bekannte Melange
aus ungewohnten Gerüchen
zu verstehen

der Körper
ist nicht überzeugt
ob er wirklich
in dieser Welt
willkommen ist

so breitet der Drache
seine Flügel weit aus
stößt einen Feuerstrahl gen Himmel
erhebt sich in die Luft
und begibt sich auf die Suche

Oz

den Mut des Löwen
wünscht ich mir
dann hätte ich
weniger Angst
klare Wege
mehr Willen

auch wünscht ich mir
das Hirn der Vogelscheuche
dann hätte ich
besseres Denken
klare Ziele
weniger Hoffnungslosigkeit

schließlich wünscht ich mir auch
vom Blechmann das Herz
dann hätte ich
weniger Chaos
klare Antworten
mehr Leben

dann könnte ich
dunkle Schatten besiegen
mit Träumen fliegen
und
immer Heim kommen

Tagebuch

die erste Seite
zeigt den Beginn
 von allem

jeder darf seine
        Spuren
                in mir hinterlassen

jeder mir seine Rollen
        seine Weisheiten
        seine Regeln
                geben

jedem werde ich gerecht
für jeden bin ich das
was er gerade braucht

Trauer und Hass
Neid und Zweifel
Hoffnung und Zukunft
Leben und Liebe

jeder findet
in mir das
was er immer gesucht

jeder findet
durch mich
den Weg dahin
wohin er immer wollte

ich bin nur der Träger
ich bin nur das Medium
ich bin nur der Spiegel

denn was passiert
wenn keiner mehr schreibt
wenn keiner mich beachtet
wenn ich für niemand wichtig

dann bleiben die Seiten
leer   weiß   leblos
und ich kann nur hoffen
dass wieder jemand
zu schreiben beginnt

Tagebuch 2

ich schlage mich auf
lese meine geschichte
schmunzel über lustiges
weine bei traurigem
bin zornig bei unrecht

das alles sind
meine erlebnisse
meine ereignisse
mein leben

und doch
kann ich mich
nur erinnern
wenn ich
mich aufschlage
und in mir lese

zugeschlagen
ist da nichts
keine vergangenheit
keine zukunft
kein leben

wieder hoffe ich
dass jemand kommt
eine seite umschlägt
und mir
mein leben schreibt

gestern – heute

gestern noch
haben wir gedacht
wir könnten
die Welt bewegen
heute haben wir Mühe
uns selbst
in Bewegung zu halten

gestern noch
haben wir gehofft
dass die Menschen
sich ändern können
heute fällt es
uns schwer
Veränderung zu sehen

gestern noch
haben wir gesehen
wie wir einst
gelebt haben
heute suchen wir
schweren Herzens
den Sinn des Ganzen

gibt es einen Weg
aus unseren Sackgassen
finden wir
unser Morgen
in unserem Gestern

Katakomben

die Stadt in der
das Leben tobt -
die Bewohner
leben
handeln
lieben
schlafen -
birgt ein Geheimnis

unter ihr klafft ein
riesiges Loch

es wurde
mit Sand gefüllt
welcher im Laufe
der Zeit
durch die Tränen
zu Stein wurde

in diesen schlugen
die Bewohner
tiefe Gänge
und Höhlen

die obersten Ebenen
dienen als Lager
für nicht mehr Benötigtes

je tiefer man kam
um so
leerer
stiller   und
unübersichtlicher
wurde es

in den untersten Bereichen
hausten die
ältesten Götter
(leben sie? noch?)

immer wieder steigen
sie nach oben
um
Angst
Panik   und
Schrecken
zu verbreiten

auf dass sie
nie vergessen würden

Spiegel-Bild

ich sehe Dich
doch Du mich nicht
Du siehst aus wie ich
und bist es dennoch nicht

ich schau Dich an
doch Du nicht zurück
Du bewegst Dich wie ich
und doch bist du es nicht

Du lebst ein Leben
von außen gegeben
kein eigener Impuls
kein eigener Blick
kein eigenes Ich

Du bist ich
und bist es doch nicht
gibst nur wieder
was Dir aufgetragen
zeigst das Bild
was jeder sieht

ich bin Du
und bin's doch nicht
ich lebe wie mir gesagt
ich gebe andere Ideen wieder
ich spiegel wieder was andere sehen

Bin ich Du?
Bin ich Ich?
Wer bin ich?
Bin ich?

(inspiriert durch Diorama - My Counterfeit)

Schlüssel-Moment

er begrüßte die welt
mit offenem herzen
doch diese zog sich
verschlossen von ihm zurück

sie begrüßte das leben
mit großen hoffnungen
doch nur zu bald
verschloss sie diese in sich

sie nahmen sich vor
den leuten die seele zu öffnen
doch wurden tief verletzt
und verschlossen sich vor schmerzen

sie bewegte sich vorsichtig
in ihrem verschlossenen Ich
bis dieses eine wort kam
und ihre starre vorsichtig öffnete

er war gefangen in der
verschlossenen welt aus angst
bis dieser eine blick kam und
sich sein eisgefängnis zu öffnen begann

wir hatten keine ziele mehr
keine träume oder wünsche
bis dieser eine moment kam
der uns erlaubte das Ich zu öffnen

Frost

ich saß im alten Haus ohne Trost
draussen kam der neue Frost
die Seele in mir wurde kalt
alles Schöne längst verhallt

ich wollte weg bin doch verharrt
zu einer Kopie meiner selbst erstarrt
kein Kampf keine Flucht sind möglich
ist die Kälte auch unerträglich

gefroren in dem Haus aus Eis
einsam in dem stillen Weiß
jeder Windhauch bringt neuen Schmerz
die Kälte greift nach meinem Herz

voll Angst vor diesem Eis und Schnee
tut mir das Herz schon jetze weh
erstarrt, erfroren, einsam und allein
steh ich da und find nicht heim

Parasit

sag, was willst du hier
die Freude in Dir
will sie nehmen
will sie fressen
sollst sie für immer vergessen

sag, was suchst du hier
die Hoffnung von Dir
will sie raffen
will sie wegschaffen
sollst nur dumm gaffen

sag, was nimmst du mir
ich will das Leben von Dir
will es stehlen
will es nicht verhehlen
es soll dir für immer fehlen

ich schau mich an
wie kann ich mich
von mir befreien
ich muss aber
sonst zerstör ich
mich in mir selbst

Risse

die Welle türmt sich
haushoch auf
angekündigte Stürme
peitschen über mich
nehmen mir den Atem

die Wand so hoch
bekommt Risse
vorhergesagte Beben
lassen sie über mich
zusammenfallen und begraben

die Schmerzen so tief
bekommen ihre Chance
altbekannte Unsicherheiten
lassen sie durch mich durch
verletzen mich wieder und wieder

das Leben so fern
sieht es mich noch
unbekannte Tränen
wischen vielleicht
ein Rinnsal in mein Herz

Eiertanz

andere wissen
wo es lang geht
haben festen Boden
unter den Füßen
bei mir
ist da nur brüchiges Eis
auf einem See

andere kennen
ihre Ziele
wissen was sie wollen
und wie es geht
bei mir
sind da nur Weggabelungen
deren Ziel ich nicht kenne

andere stehen
mit beiden Beinen
fest in ihrem Leben
bei mir
schwankt da alles
wie ein Löwenzahn im Wind

andere treten
fest mit den Füßen auf
und zweifeln kaum
bei mir
fühlt es sich so an
als ob ich auf Eiern ginge

meine Füße
sind wund vom Laufen
durch lebendige Dornen
mein Gang ist
ein einziges Stolpern
von Gefühl zu Gefühl
meine Sinne
sind verwirrt
von allen notwendigen Entscheidungen

und doch
hab ich keine Wahl
als schwankend
den nächsten Seitenweg
zu nehmen
und zu hoffen......

gesehen?

ein Wort nur von dir
eine Silbe von mir
ein Blick zu mir
einmal gesehen werden

eine Frage
die wissen will
ein Interesse
das erfahren will
ein Herz
das fühlen will

das Ich
das den and'ren
wirklich sieht
und nicht nur
die Projektion dessen
was man selbst
als gegeben ansieht

Falltür

die tür fällt zu
wieder ein weg verschlossen
wieder keine rückkehr
wieder versagt

noch eine tür geschlossen
noch ein traum vorbei
noch ein wunsch verweht
noch eine möglichkeit verbaut

der zeigefinger erhoben
die miene verkniffen
das wort dank erwartend
der mensch in sich

wo sind die hoffnung
wo die zuversicht
wo die sicherheiten
wo bin ich

Hand an der Waage

wenn dir jemand sagt
mach es so oder so
ist dann nicht die Frage
ob das so richtig ist

was passiert denn
wenn du es anders machst

bringt es dich voran
wirft es dich zurück
verändert sich etwas
oder bleibt's stets gleich

wenden Menschen sich ab
oder bleiben sie staunend
in ihren eingefahrenen Gleisen
und dem Immer-So zurück

vielleicht ist mancher begeistert
und lernt neues Denken
vielleicht verharrt er
im Gestern und seinem Nein

was passiert denn
wenn du es anders machst

wenn dir irgendjemand sagt
mach es so oder so
dann gibst du die Antwort
ob es so richtig ist

Leergut

mit leeren Augen
lief sie durch die Räume
alles war voller Glitzer
und fröhlich feiernder Menschen
die Leere wuchs in ihr
bis sie das Herz erreichte

mit letzter Kraft
nahm er immer wieder
am prallen, gehaltvollen Leben teil
das ihn nicht ausfüllen konnte
die Leere wuchs ihn ihm
bis sie seinen Mut erreichte

das Kind saß allein
inmitten seiner vielen Geschenke
seine Augen suchten verzweifelt
nach dem Leben der Schenkenden
und ihre Leere wuchs in ihm
bis sie seine Seele erreichte

was nützt es
wertvollen Tand
in einen Abgrund
ohne Boden zu werfen

den ein einziges ernst gemeintes Lächeln
den ein einziges ehrlich gemeintes Wort
den ein bisschen ernst gemeinte Zuneigung
füllen könnte

Dschungel

eingehüllt in Schall und Rauch
wate ich durch meinen Nebel
nichts zu sehen
nichts zu hören

die Wege sind verschwunden
kaum Luft zum Atmen
die Angst zum Schneiden schwer
und bedrückend eng

langsam kämpfe ich mich
durch die Unsicherheiten
meiner Gedanken und
den Sumpf des Zweifels

meine Paranoia vermutet
überall allsehende Raubtiere
ich versage bei der Suche
nach dem Ausgang des Labyrinths

das Chaos aus Stämmen
meiner Hilflosigkeiten
verwirrt meine Wahrnehmung
und lässt mich ratlos zurück

nirgendwo ein Punkt
an dem ich mich in
diesem Chaos aus
Gefühlen orientieren kann

ich hoffe auf einen Sonnenstrahl
der mich vielleicht leiten kam
und mir den Weg
aus mir heraus zeigt

Karneval

Masken zu verkaufen
Leute seht her
die neuesten Modelle
zum Schnäppchenpreis

ich hätte da
die starke
die erfolgreiche
die einfühlsame
die humorvolle
Maske für den modernen Mann
Sie werden bewundert werden
man wird zu Ihnen aufschauen
alle Welt wird sie lieben

auch neu eingetroffen
für die Frau von Welt
die durchsetzungsvolle
die häusliche
die sexy
die kinderliebe
Maske, die Sie für andere
unwiderstehlich machen wird

und schließlich
meine Damen und Herren
der Schlager des Jahres

die niedliche
die wissbegierige
die selbstbewusste
die freundliche
Maske für alle Kinder
die in dieser Gesellschaft
mit allen gut auskommen
und immer gemocht werden

Masken zu verkaufen
Leute seht her
die neuesten Modelle
zum Schnäppchenpreis

Weg weg

Wohin bist Du gegangen
als Du fortgeflogen bist

Wohin verschwandest Du
als Du uns den Rücken gekehrt hast

Warum zogst Du von dannen
ohne etwas zu sagen

Was sollen wir tun
wenn wir Fragen haben

Wer sagt uns
ob wir Dich wiedersehen

Wo ist der Platz
an dem wir Dich treffen werden

und

willst Du uns sehen
willst Du mit uns reden
willst Du mit uns leben
willst Du unter uns sein

alle zusammen

wir kommen vorwärts
los geht's
alle miteinander
treten wir zuversichtlich
immer auf derselben Stelle

der Fortschritt
eilt mit schnellem Gang
uns allen voran
und führt uns dahin
wo wir schon waren

das Ziel vor Augen
wissen wir ganz klar
nicht wo es lang geht
und deshalb
laufen wir der Masse hinterher

in Allgemeinheiten versinkend
schwimmen wir zielsicher
und frei im Ungewissen
und sind uns bewusst
dass uns nichts halten kann

Hin und Weg

am Anfang war
der Blick
und der Blick
war sehnsuchtsvoll
und voller Hoffnung

alles das erste Mal
die Zukunft rosig
die Pläne groß
einschläfernd der Alltag
gleichförmiges Miteinander

und eines Tages
wird aus dem
Riss im Spiegel
zwischen den Herzen
ein großer Bruch

das was mal wunderbar
ist jetzt einfach nervend
das was mal besonders
ist jetzt einfach peinlich

auf dem Miteinander
erwuchs unmerklich
ein Nebeneinander
und dann folgerichtig
ein Voneinanderweg

am Ende war
der Blick
und der Blick
war sehnsuchtsvoll
und ohne Hoffnung

So ist es oft gegangen.
Darin sind viele gefangen.
Doch es gibt auch andere Pfade,
oft krumm, schwer, nicht gerade.
Es kann ein Miteinander sein
lassen sich beide wirklich darauf ein.

Genesis 1.0

die Augen
groß und hoffnungsvoll
waren auf sie gerichtet
doch wieder bemerkte sie es nicht

die Ohren
klein und empfindlich
lauschten auf den geringsten Laut
aber ihre Schritte kamen nicht

der Mund
hilflos verstummt
konnte nicht mehr sagen
was er suchte

die Hände
ungeschickt und ratlos
tasteten das Leben ab
und griffen ins Nichts

der Kopf
gerade das Denken gelernt
kann keine Erklärung finden
und ist auf sich geworfen

das Herz
das noch keine Liebe kennt
erkaltet am Zwang
lebendig zu bleiben

die Seele
schreit ihre ungeschützten Gefühle
lautlos hinaus in die Welt
und zerbricht an sich selbst

das Kind
sitzt in der Kammer
seiner allumfassenden Angst
und verlernt wer es war

Lebendig

mit dem Kopf
gegen die Wand
hilft der Wand
nicht sehr
aber er weiß
dass er lebt

mit den Fäusten
gegen den Baum
hilft dem Baum
nicht sehr
aber sie weiß
dass sie real ist

einfach alles
rauszubrüllen
hilft dem Herzen
nicht sehr
aber die Zeit weiß
dass sie gehört wird

den Schmerz einfach
immer wieder auszuhalten
hilft dem Leben
nicht wirklich
aber die Seele weiß
dass sie fühlen darf

write it down

ist das herz dir schwer
alles schwarz und grau
du siehst keine hoffnung mehr
write it down

ist dein kopf so voll
nur chaos und kampf
du siehst den weg nicht mehr
write it down

ist dein leben so wirr
eine existenz im hamsterrad
du siehst dein ziel nicht mehr
write it down

ist deine welt so groß
alles zu schnell oder nichts
du siehst dein herz nicht mehr
write it down

und auch
wenn ein Weg da ist
wenn eine Zukunft da ist
wenn eine Liebe da ist
wenn ein Mensch da ist
wenn es ein Herz gibt
wenn es ein Leben gibt
wenn es Hoffnung gibt
wenn es dich gibt
write it down

An-Schein

am Abend kam er heim
streifte seinen Anzug ab
und der Wolf
verbrachte seinen Abend
in der heimischen Höhle

sie war wieder shoppen gewesen
und betrachtete alles begeistert
und voller Freude verteilte
die Elster die besten Sachen
in ihrem glänzenden Nest

den ganzen Tag gearbeitet
den ganzen Tag gekämpft
und so legte sich
die Löwin in aller Zufriedenheit
auf ihr neu erworbenes Sofa

der erste Blick beim Heimkommen
fiel in den riesigen Spiegel
und der Affe freute sich erneut
über seinen wundervollen Teint
und wer heute dran glauben musste

die Verhandlungen zogen sich hin
trotz aller klugen Vorschläge
schüttelte die Eselin den Kopf
und meinte immer und immer wieder
kein Fortschritt sei der beste Fortschritt

obwohl es nicht leicht war
bekam er doch was er wollte
und so zog der Igel
seine Stacheln wieder ein
und alle staunten über ihn

alles war nicht richtig
nirgends ein wirklich guter Weg
der Ziegenbock meckerte laut
senkte seine großen Hörner
um das nächste Ziel anzuvisieren

ruhig und bedächtig
alles abwägend und durchdenkend
präsentierte der Uhu
seinen gut durchdachten Plan
und alle stimmten erleichtert zu

ob Haut, Federn oder Fell
die Gesellschaft
zieht uns das über
was sie aus uns macht

Brillenputztuch

das Land ist neblig
Schleier verbergen die Sicht
mit dem Tuch aus Weitblick
putz ich die Brille der Trübsicht

wie ist denn alles so toll
traumhaft und ganz wunderbar
mit dem Tuch aus Alltag
putz ich die verliebt-rosa Brille

alles schwarz und öde
mein Leben hat kaum nen Sinn
mit dem Tuch der Gegenwart
putz ich meine Brille der Vergangenheit

keiner wird mich versteh'n können
denn niemand wird mich je erreichen
mit dem Tuch der Bescheidenheit
putz ich Deine Brille der Arroganz

ich erkenne mich kaum wieder
das kann ich doch nicht sein
mit dem Tuch der Freundschaft
putz ich meine Brille der Verzweiflung

das hab ich ja noch nicht
und das brauch ich ebenfalls
mit dem Tuch der Menschlichkeit
putz ich Deine Brille des Egoismus

manchmal ist es besser
den eignen Blick zu klären
sonst besteht die Gefahr
sich trotz aller Sehhilfen
im eignen Leben zu verlaufen

5 Jahre

ich bin frustriert
ich bin wütend
ich bin traurig
ich bin 5 Jahre alt

und alle sagen
ich sollte endlich
erwachsen werden
ich muss mich
allem da draussen stellen

ich bin ängstlich
ich bin einsam
ich bin allein
ich bin 5 Jahre alt

und alle sagen
sie wüssten ganz genau
wie es einfacher ginge
wie es leichter ginge
wie es anders ginge
wie es besser ginge
aber hört mir jemand zu

ich bin verletzt
ich bin misstrauisch
ich war voller Leben
ich bin 5 Jahre alt

und all die
erwachsnen Leute
meinen es so gut
mit mir
wollen mir doch nur
wohlmeinend helfen
haben es nie verstanden
wie es ist
ich sein zu müssen

ich schäme mich
ich möchte weinen
ich war so neugierig
ich bin 5 Jahre alt

und all die Leute sagen
ich müsste dies
ich sollte das
ich könnte doch jenes
es wäre gut wenn ich....
wo bin da ich

ich bin ohnmächtig
ich bin hilflos
ich bin schuldig
ich bin 5 Jahre alt

Richtungsweisend
(für Steffi)

viel gemacht
viel gelacht
viel verloren
vieles neu geboren

Du hast all das
Dunkle gesehen
auch das Helle
ist tief in Dir

aus der tiefen Dunkelheit
sieht man jedes Licht
und wenn es kalt ist
wärmt der kleinste Sonnenstrahl

halt Dich an dem fest
was Dich wärmt
und lass los
was Dich frieren lässt

viel gedacht
viel gelacht
viel verloren
noch mehr neu geboren

Schach

Die Bauern stetig vorwärts geh'n
Die Türme fest zur Seite steh'n
Der Läufer schräg - der Springer quer
bewegen sich frei hin und her

Die Königin hat's ziemlich leicht
jedes Feld sie schnell erreicht
sie schützt den eig'nen König
setzt den andern matt
bedeutet nicht wenig
wendet oft das Blatt

Der König - so schillernd so schwach
läuft den andern doch nur nach
tauscht mit dem Turm die Stelle
und ist doch des Spieles Quelle
ständig in Gefahr, ständig bedroht
weicht er oft aus - aus Not

Darum sei auf der Hut
wen du wohin und wie setzt
spiele sorgsam doch mit Mut
sonst wirst du vom Gegner zerfetzt

Denkmal

da steht es
groß
wuchtig
massiv
unverrückbar
unveränderlich
unnahbar

hingestellt
vom Lauf der Zeit
von dem was war
von dem was nie gewesen

von allen gesehen
von allen bewundert
von allen gehasst
von niemandem verstanden

es waren damals Zeiten
in denen es
nie wirklich besser war
aber alles und alle
sprachen dafür

da steh ich nun
und stürz
mich selber
von meinem Sockel

wuchtig
doch leichter als eine Feder
unverrückbar
doch der leiseste Windhauch
lässt mich zusammenfallen

unveränderlich
doch in jedem Moment anders
groß
doch ich kann mich
hinter Staubkörnchen verstecken

massiv
doch oft voller Nichts
unnahbar
doch voller Sehnsucht
nach wirklicher Nähe

Wohin des Wegs?

verschlossene Türen
verschlossene Gesichter
verschlossene Herzen

als du gingst
hast du
ein Trümmerfeld
aus zerbrochenen Leben
aus erkalteten Träumen
aus gestorbenen Hoffnungen
hinter dir gelassen
wer war froh
als du das
letzte Haus verlassen hast

unbekannte Türen
unbekannte Gesichter
unbekannte Herzen

als du gingst
hast du
eine Leere
ohne Erinnerung
ohne Leben
ohne Hoffnung
hinter dir gelassen

wer war bei dir
als du ohne Aufsehen die
letzte Hoffnungslosigkeit verlassen hast

weit offene Türen
bewegte Gesichter
übervolle Herzen

als du gingst
hast du
eine Blumenwiese
aus lebendigen Erinnerungen
aus tiefen Gefühlen
aus neuen Hoffnungen
hinter dir gelassen
wer war voller Dankbarkeit
als du die
letzten Augen verlassen hast

wider erwarten

du stehst auf dem berg
die sonne scheint dir
ungehindert ins gesicht
vögel und schmetterlinge
flattern um dich herum

du genießt die sonnenwärme
und wartest auf die wolken
die immer dann aufziehen
wenn es gerade schön wird
aber sie kommen nicht

du genießt die aussicht
und wartest auf den nebel
der immer dann aufzieht
wenn es gerade schön wird
aber er kommt nicht

du genießt das gras
und wartest auf den regen
der immer dann aufzieht
wenn es gerade schön wird
aber er kommt nicht

du genießt den ruhigen abstieg
und wartest auf den abgrund
der sich immer dann auftut
wenn es gerade schön wird
aber er kommt nicht

und so setzt du
voll erstaunen
den weg einfach fort
und erreichst
scheinbar zum ersten mal
unversehrt das tal

Wechselbalg

Hast du es schon vernommen
Der Uralte ward gesehn
Er hat - oh Schreck und Graus -
Das neue Leben mitgenommen

an seiner Stelle liegt
unheimlich anzusehn
ein missgestaltet Wesen
ganz bedeckt mit schwarzem Haar

sein Blick ist nicht kindessanft
sondern stechend-böse scharf
die Hand so klein sie scheint
hat die Kraft von 100 Männern

was soll es denn nur sein
hat's die Ohren aller Elben
sind Drudenfüße an ihm zu sehn
oder ist da gar ein Zwergenbart

was sollen wir nun tun
die arme Mutter
das arme Haus
ein Glück dass es uns nicht traf

diese Mißgeburt darf hier nicht bleiben
legt es in den Wald zurück
ob die arme Kleine wohl noch lebt
und es ihr dort draussen wohl ergeht

Hallo Nachbar hast Du's vernommen
Der Uralte ward geseh'n
Hat unser neues Leben mitgenommen
Und hinterließ uns ein garstig Wesen

Seher

kannst du sehen
was alle sehen
was keiner sieht
wo du sichtbar bist
wie sieht es aus
was du sehen kannst
oder ist das
alles Ansichtssache
wenn man
dich ansieht
und hinsieht
wenn man
an dir vorbei sieht
sieht das anders aus
wenn du durchsichtig bist
sieht man auf
wenn du nachsichtig bist
oder sieht man es dir nach
wenn du Aufsehen erregst
ist es die Vorsicht
dass du über manches
voll Absicht hinweg siehst
kannst du davon absehen
hin und wieder zuzusehen
oder siehst du dich um
wenn es jemand einsieht
statt es näher zu besehen
ohne rot zu sehen

da hinein zu sehen
wird nicht übersehen
du wirst einsehen
wenn es ausgeht
er dann fortgeht
gehst du sehenden Auges
und siehst ihm entgegen
und im Sehen
wirst du sichtbar

Federkleid

zu fliegen
über helle
weite Landschaft
wäre sicherlich
wunderbar und gäbe
das Gefühl von Freiheit

doch hab ich kein Federkleid
noch nicht mal Flügel
und so sammle ich Federn
eine nach der anderen

die großen
die mir Aufwind
die mir Halt
die mir Bewegung
geben können

die kleinen
die mir Wärme
die mir Sicherheit
die mir Schutz
geben werden

vielleicht entstehen daraus
meine Flügel
und vielleicht sogar
ein Federkleid

dann kann ich
über helle
weite Landschaften
voller Freude fliegen
und von dem
was mich schwer macht
frei zu werden

Post

kannst du dich erinnern
wie es war
vor Jahr und Tag

was ich gefühlt
was ich getan
was ich gedacht

war so gleich
und doch so
völlig neu

die Welt sah anders aus
sie hörte sich anders an
fühlte sich anders an
und ist doch
unsere Welt von heute

wir sind heute
der gleiche
wie damals
und doch
so anders
so neu
so gleich
so ich

meinst du
wir haben
es gut gemacht
hätte ich
was ändern
können oder sollen

oh so viele Konjunktive
türmen sich da auf
so viele Möglichkeiten
die vergangen sind
so viele Fragen
deren Antwort uns fehlt
so viele Hoffnungen
die uns voran getrieben
so viele Träume
die mich lebendig halten

wir leben
ich hoffe
wir freuen uns
ich zweifle
wir haben Angst
ich lebe

lass uns weiter machen
und trotz allem Leben
mich nie
aus unseren Augen verlieren

Ego-Ist

der Spiegel zeigt Dich
in Deiner ganzen Pracht
zufrieden schaust Du
auf Dein grandioses Leben
und was Du schon
alles erreicht hast
so wie Du kann niemand
alles bekommen
alles einfordern
alles für Sich nehmen
alles hinter Sich stellen
kurz verdunkelt sich Dein Ich
nur um weiter um Dich zu kreisen

der Spiegel zeigt Dich
so wie Du bist
verlegen schaust Du
Dich an und murmelst
Komm wir schaffen das
und Du siehst
was Du geschafft hast
was Du überstanden hast
wer Du heute bist
was Du an DIR magst
und ein kleiner Sonnenstrahl
lässt Deine Seele lächeln

(M)Eine Geschichte

der Fluss aus
Hoffnung und Angst
fließt durch die
Gestade der Einsamkeit
Stille herrscht an den Ufern
Kälte und Wärme
lassen seine Wellen erschaudern

geboren in den dunklen Höhlen
des steinigen und unbekannten Gebirges
kam er vorsichtig und klein ans Sonnenlicht
durch viele Gefälle
über viele Steine
entlang vieler Grate
stürzte er ins Tal
verlor die Träume der Berge
sehnte sich nach
dem Schutz der Höhlen
und musste doch immer weiter

nun floss er
auf dem vorgezeigten Weg dahin
immer wieder versuchte er
zornig über die Ufer zu treten
aber nichts änderte sich
sein Flussbett war
steil und unbeteiligt

man zwängte sein Bett
in ein Korsett aus

Beton und Notwendigkeiten
gab ihm Führung und
wies ihm den Weg
die frühen Wünsche und Hoffnungen
ja sogar die Wut
mit er früher über die Ufer trat
waren nur noch
schemenhafte Erinnerung
und verschwanden schließlich ganz

so erreichte er die großen Ebenen
mäanderte ruhig dahin
wurde flach und breit
und erkannte sich nicht wieder –
was war aus der Neugier
auf neue Orte geworden
er hatte sie verloren
so wie   seine Lebendigkeit
          seine Unbekümmertheit
          sein Vertrauen
in die Umgebung

ohne dass es ihm wirklich auffiel
änderte sich irgendwann die Umgebung
an den Ufern wuchsen kleine Blumen
und diese Ufer bestanden
nicht länger aus Beton
er konnte sich freier bewegen
denn die Ufer zwängten ihn nicht ein
sondern zeigten ihm
einen anderen Weg
wiesen ihn auf leichtere Gefälle
und schönere Gegenden hin

es wuchsen wieder Wünsche in ihm
doch geschah es bisweilen
das er an Altes erinnert wurde
Zorn und Angst ihn überkam,
dass es wie vorher würde
und er weite Teile überschwemmte

doch die Ufer nahmen es hin
blieben bei ihm
sahen seine Angst vor dem Beton
sahen seine Wut auf das Geschehene
sahen seine Sehnsucht
nach natürlichem Fließen
und je grüner und bunter
die Ufer wurden
umso ruhiger floss er dahin
er gewann an Tiefe und konnte
sogar bisweilen selber
seine Fließgeschwindigkeit regeln

er bildete Nebenflüsse
denen er
die Tiefe und Schönheit
die Ängste und Hoffnungen
seiner Welt zu zeigen versuchte
und konnte auch Stromschnellen
und dürre Gegenden überwinden

das Ufer half
mit Beständigkeit und Wandel
mit Beharrlichkeit und der Zuversichtlich
dass es auch nach der nächsten Biegung
gleich und doch anders weiter geht

nie verschwand die Angst vor dem Beton
nie konnte er wissen, ob er
in die richtige Richtung floss
und manchmal überflutete er immer noch
alles ihn Umgebende

dennoch hatte er ein Flussbett gefunden
konnte das Verständnis
des Vergangenen suchen
und entwickelte
eine zarte Hoffnung
einst ein Delta zu bilden